BEI GRIN MACHT SICH IHR WISSEN BEZAHLT

- Wir veröffentlichen Ihre Hausarbeit, Bachelor- und Masterarbeit

- Ihr eigenes eBook und Buch - weltweit in allen wichtigen Shops

- Verdienen Sie an jedem Verkauf

Jetzt bei www.GRIN.com hochladen und kostenlos publizieren

Bibliografische Information der Deutschen Nationalbibliothek:

Die Deutsche Bibliothek verzeichnet diese Publikation in der Deutschen Nationalbibliografie; detaillierte bibliografische Daten sind im Internet über http://dnb.d-nb.de/ abrufbar.

Dieses Werk sowie alle darin enthaltenen einzelnen Beiträge und Abbildungen sind urheberrechtlich geschützt. Jede Verwertung, die nicht ausdrücklich vom Urheberrechtsschutz zugelassen ist, bedarf der vorherigen Zustimmung des Verlages. Das gilt insbesondere für Vervielfältigungen, Bearbeitungen, Übersetzungen, Mikroverfilmungen, Auswertungen durch Datenbanken und für die Einspeicherung und Verarbeitung in elektronische Systeme. Alle Rechte, auch die des auszugsweisen Nachdrucks, der fotomechanischen Wiedergabe (einschließlich Mikrokopie) sowie der Auswertung durch Datenbanken oder ähnliche Einrichtungen, vorbehalten.

Impressum:

Copyright © 2018 GRIN Verlag
Druck und Bindung: Books on Demand GmbH, Norderstedt Germany
ISBN: 9783668823051

Dieses Buch bei GRIN:

https://www.grin.com/document/445019

Christoph Fleischer

Die Berliner Luftbrücke und die Bedeutung des Wunstorfer Fliegerhorsts

Lokalgeschichtliches im regionalen Kontext

GRIN Verlag

GRIN - Your knowledge has value

Der GRIN Verlag publiziert seit 1998 wissenschaftliche Arbeiten von Studenten, Hochschullehrern und anderen Akademikern als eBook und gedrucktes Buch. Die Verlagswebsite www.grin.com ist die ideale Plattform zur Veröffentlichung von Hausarbeiten, Abschlussarbeiten, wissenschaftlichen Aufsätzen, Dissertationen und Fachbüchern.

Besuchen Sie uns im Internet:

http://www.grin.com/

http://www.facebook.com/grincom

http://www.twitter.com/grin_com

Hölty-Gymnasium Wunstorf

Kursthema: Wunstorf/Hannover/Niedersachsen-Lokalgeschichtliches im regionalen Kontext

Jahrgang 2017/-18 Semester 2

Facharbeit

„Die Luftbrücke nach Berlin und die Bedeutung des Fliegerhorsts Wunstorf"

Christoph Hendrik Fleischer

Inhaltsverzeichnis

1 Einleitung 3

2 Historisches zur Berliner Luftbrücke 4

    2.1 Warum war Berlin blockiert? 4

    2.2 Was war die Berliner Luftbrücke? 5

    2.3 Wie wurden die Berliner anderweitig versorgt? 9

3 Rolle des Fliegerhorstes Wunstorf 10

    3.1 In wieweit war Wunstorf involviert? 10

    3.2 Hätte es Alternativen zum Fliegerhorst Wunstorf gegeben? 12

4 Fazit 13

Literaturverzeichnis 15

1 Einleitung

In dieser Facharbeit besteht die erkenntnisleitende Fragestellung in der Frage, wie groß die Rolle des Fliegerhorstes Wunstorf im Rahmen der Berliner Luftbrücke war. Zur Beantwortung der Frage werden im ersten Kapitel zunächst die Hintergründe der Blockade Berlins und die Entstehung der Luftbrücke beschrieben. Dazu wird dargestellt, weshalb Berlin blockiert war, worin die Blockade bestand, was die Berliner Luftbrücke war, ob es andere Möglichkeiten zur Versorgung gegeben hätte und in wieweit diese genutzt worden sind. Im dritten Kapitel wird dann gezielt auf Wunstorf eingegangen. Hier soll zum ersten geklärt werden, in wie weit der Fliegerhorst Wunstorf involviert war. Dazu wird der Anteil der Versorgungsgüter, die von Wunstorf nach Berlin geflogen wurden, bestimmt und zusätzlich die Anzahl der Flüge ermittelt, um die Relevanz des Fliegerhorstes darstellen zu können. Zusätzlich soll die Frage geklärt werden, ob es noch Alternativen zum Fliegerhorst Wunstorf gegeben hätte, und in wieweit diese Alternativen genutzt wurden.

Die Idee, über die Berliner Luftbrücke zu schreiben, kam mir, als ich die Rede des derzeitigen Kommodores des Fliegerhorstes Wunstorf, Ludger Bente, beim Neujahrsempfang der Bundeswehr am 12.01.2018 hörte. Als der Kommodore den anwesenden amerikanischen Streitkräften von der Berliner Luftbrücke und der Bedeutung des Wunstorfer Fliegerhorstes erzählte, schien mir dieses Thema als ein passendes für diese Facharbeit, da ich mich für die Entstehung des Ost-West-Konflikts und seine wirtschaftliche Komponente (die sowohl im Konflikt, als auch bei der Berliner Luftbrücke eine große Rolle spielte) dieser Epoche interessiere.

2 Historisches zur Berliner Luftbrücke

Im folgenden Kapitel wird zunächst die Luftbrücke beschrieben. Dies ist zum Verständnis der damaligen Rolle des Wunstorfer Fliegerhorstes notwendig.

2.1 Warum war Berlin blockiert?

Am 17.07.1945 trafen sich die vier Staatsoberhäupter der alliierten Siegermächte, USA (Harry S. Truman), Großbritanniens (Winston Churchill), Frankreichs (Charles de Gaulle) und Russlands (Josef Stalin) in Potsdam, um über das weitere Schicksal Deutschlands zu entscheiden. Am 02.08.1948 einigten sich die Siegermächte im Rahmen des Potsdamer Vertrages in Bezug auf Wirtschaft, Territorialverteilung und Politik. Teil des Potsdamer Vertrages war die Bestimmung, dass jede Siegermacht ihre Reparationen aus der eigenen Zone befriedigen sollte. Schon zu dieser Zeit gab es in den USA Pläne, den von der UdSSR ausgehenden Kommunismus einzudämmen.[1] Zeitnah veröffentlichten die USA den Marshall-Plan. Dieser sah vor, dass die europäische Wirtschaft durch US-amerikanische Kredite angekurbelt werden sollte.[2] Am 22.09.1947 beschrieb der russische Sekretär der KPdSU, Andrej Shdanow, in einer Rede anlässlich der Gründungsversammlung des Kommunistischen Informationsbüros in Belgrad seine Zwei-Lager-Theorie. Diese Theorie besagte, dass die USA ein imperialistischer und antidemokratischer Staat sei, wohingegen die UdSSR ein antiimperialistischer und demokratischer Staat sei.[3] Diese Theorie war eine Antwort auf die von Präsident Harry S. Truman entworfene Truman-Doktrin, nach welcher sich jeder Staat entscheiden müsse, ob er ein freiheitlicher, demokratischer oder ein von einer Minderheit unterdrückter Staat sein wolle.[4] Es gab mittlerweile bereits starke Differenzen zwischen den inzwischen zur Trizone zusammengeschlossenen Westmächten (USA, Großbritannien, Frankreich) und der Sowjetunion. Diese Differenzen bestanden vor allem in den wirtschaftlichen Weichenstellungen für das aufzubauende Nachkriegsdeutschland. Während die westlichen Alliierten die Einführung der sozialen Marktwirtschaft für Deutschland vorsahen, wollte die UdSSR Großkonzerne und Banken verstaatlichen und die Planwirtschaft etablieren. Aufgrund dieser Differenzen verließ die Sowjetunion am 23.03.1948 den Alliierten Kontrollrat (ein Gremium der Siegermächte, welches den Wiederaufbau Deutschlands plante).[5] Trotz des Ausscheidens der Sowjetunion aus dem Kontrollrat verhandelten die

---

[1] Vgl.: Eckhardt, Hans-Wilhelm-Habermaier, Volker; Zeit für Geschichte; ⁴2013 Hamburg; 246; im Folgenden bez. als: Zeit für Geschichte.
[2] Vgl.: Zeit für Geschichte; 287f.
[3] Vgl.: Zeit für Geschichte; 255.
[4] Vgl.: Zeit für Geschichte; 254.
[5] Vgl.: Zeit für Geschichte; 287.

Siegermächte in den Folgemonaten über die Einführung einer neuen Währung. Grund war der Preisverfall der RM (Reichsmark).[6] Da am 18.06.1948 noch keine Einigung zwischen den Siegermächten erzielt worden war, wurde die einseitige Emission einer Währung für Westdeutschland von den Westmächten verkündet.[7] Geplant war, dass jeder erwachsene Deutsche 40 DM erhielt und dass deutsche Sparvermögen mit einem Wechselkurs von 100 RM/6,5 DM eingetauscht werden konnten.[8] Sechs Tage später, am 23.06.1948, kündigte die Sowjetunion die Emission einer eigenen Währung für die sowjetisch besetzte Zone an, die Ostmark (alte Reichsmarkscheine mit einem Aufkleber, deshalb auch Klebemark genannt). Am selben Tag transportieren die USA 250.000.000 DM nach Berlin.[9]

Am 24.06.1948 wurde die Emission der DM von den Amerikanern verkündet und zeitgleich Benutzung und Besitz der DM von der Sowjetunion für die Ostzone verboten.

In der folgenden Nacht wurde Berlin von den Russen fast vollständig abgeriegelt. Wichtig hierbei ist, dass es von offizieller russischer Seite aus nie den Befehl gab, Berlin zu blockieren.[10] Es wurde lediglich ein enormer Reparaturbedarf an den Autobahnen, Schienenstrecken, Schleusen und Elektrizitätswerken geltend gemacht, weshalb die Straßen gesperrt, die Gleise entfernt, die Schleusen geschlossen und auch die Stromleitungen unterbrochen werden mussten.[11]

2.2 Was war die Berliner Luftbrücke?

Durch die Blockade waren etwa 2.000.000 (je nach Quelle zwischen 2.000.000 und 2.300.000) Einwohner Berlins eingeschlossen und hatten fast keine Möglichkeit Berlin zu verlassen. Die Berliner Luftbrücke stellte die Gegenmaßnahme der westlichen Alliierten dar, mit der die Versorgung der Berliner Bevölkerung während der Blockade gesichert wurde. Die von General Lucius D. Clay geleitete Operation erhielt den Namen Vittles[12] und dauerte im Endeffekt 15 Monate. Sie kostete die US-Steuerzahler 350.000.000 $, die britischen Steuerzahler 17.000.000 £, und die deutschen Steuerzahler 150.000.000 DM. Insgesamt

---

[6]Vgl.: Bennet, Jack O; 40.000Stunden am Himmel/24.000 Flüge nach Berlin; ¹1998 Berlin; 208 im Folgenden bez. als: 40.000 Stunden am Himmel.

[7] Vgl.: Eckhardt, Hans-Wilhelm-Habermaier, Volker; Zeit für Geschichte; ⁴2013 Hamburg; 287-289.
[8] Vgl.: Zeit für Geschichte; 288.
[9] Vgl.: 40.000 Stunden am Himmel; 208
[10] Vgl.: 40.000 Stunden am Himmel; 208-211.
[11]Vgl.: Rademacher, Cay; Eine Stadt als Geisel; GEO Epoche Europa nach dem Krieg 77; 2016; 94-111 im Folgenden bez. als: Eine Stadt als Geisel.
[12]Vgl.: Eine Stadt als Geisel; 94-111.

arbeiteten 86.000 Menschen in 277.569 Flügen daran 2.326.205t Waren, von denen alleine 1.400.000t aus Kohle bestanden, nach Berlin zu transportieren. Insgesamt erreichten täglich 4.950t Güter Berlin über den Luftweg.[13] Dabei wurden 23% der Güter von den Briten und 77% von den Amerikanern gestellt.[14] 86 Menschen ließen vor allem bei Flugzeugkollisionen und den daraus resultierenden Flugzeugabstürzen ihr Leben[15], davon zehn in Wunstorf.

Die Idee General Clays war es, die Einwohner Berlins vorerst mit Flugzeugen zu versorgen und die Wege nach Berlin durch Verhandlungen schnellstmöglich wieder zu eröffnen, da man nicht davon ausging, Berlin längerfristig nur auf dem Luftweg versorgen zu können. Doch aufgrund guter Organisation seitens der westlichen Siegermächte konnte Berlin über 15 Monate größtenteils via Flugzeug versorgt werden.

Am 26.06.1948 flog das erste offizielle Flugzeug des US-Militärs nach Berlin. Am vorherigen Tag war Berlin bereits über die zivile Fluglinie American Overseas Airlines mit Kohle versorgt worden.[16] Zu Beginn flogen die USA und Großbritannien noch separat, das heißt, ohne aufeinander abgestimmte Flugpläne. Dabei flogen die Briten aus dem Bereich Niedersachsen/Schleswig-Holstein/Hamburg und die USA aus dem Bereich Hessen/Baden-Württemberg. In Berlin dienten die Flughäfen Gatow, Tegel und der Wannsee, der von Wasserflugzeugen genutzt werden konnte, allerdings im Winter aufgrund des Eises nicht angeflogen werden konnte, als Landeplatz.[17]

Betrachtet man das Flugaufkommen, das für die Luftbrücke notwendig war, kommt man der Hauptfragestellung dieser Arbeit näher. In der britischen Besatzungszone, welche die heutigen Bundesländer Schleswig-Holstein, Niedersachsen und Nordrhein-Westfalen umfasst, waren insgesamt acht Flughäfen an der Luftbrücke beteiligt. Vier dieser Flughäfen, Schleswig, Lübeck, Fuhlsbüttel und Finkenwerder, dienten als Abflughäfen, wobei Finkenwerder ausschließlich für die Starts von Wasserflugzeugen zuständig war. Flugzeuge, die von einem dieser vier Flughäfen starteten, flogen über den Hamburg-Berlin Korridor und landeten dann in Tegel, Gatow, Tempelhof oder auf dem Wannsee.[18] Der Wannsee war für die Kohlelieferungen zuständig, die zum Teil mit Wasserflugzeugen durchgeführt wurden[19], während der

---

[13] Vgl.: 40.000 Stunden am Himmel; 208-211.
[14] Vgl.: Keiderling, Gerhard; "Rosinenbomber" über Berlin Währungsreform, Blockade, Luftbrücke, Teilung; 1998 Berlin; 142 im Folgenden bez. als: „Rosinenbomber" über Berlin.
[15] Vgl.: 40.000 Stunden am Himmel; 208-211.
[16] Vgl.: 40.000 Stunden am Himmel; 209
[17] Vgl.: 40.000 Stunden am Himmel; 211-232.
[18] Vgl.: Eine Stadt als Geisel; 94-111.
[19] Vgl.: „Rosinenbomber" über Berlin; 138.

Flughafen Tegel Hauptanflugort für die britischen Tankflugzeuge war. Wenn die Flugzeuge entladen waren, flogen diese über den Bückeburg-Berlin Korridor nach Faßberg, Celle, Wunstorf und Bückeburg zurück. Dort wurden die britischen Maschinen wieder beladen. Zur besseren Ausnutzung der begrenzten Kapazität wurden hierbei Güter unterschiedlicher Packungsdichte miteinander „verheiratet" (z.B. Kaffee mit Nudeln). Der Hauptanteil an Leichtölen mit niedriger Dichte wurde von der britischen Besatzungsmacht geflogen [20] Anschließend starteten die britischen Maschinen wieder zu den vier Abflughäfen der britischen Besatzungszone.

Die amerikanischen Flugzeuge drehten über dem Funkfeuer bei Volkenrode nach Süden in die US-Besatzungszone ab.[21] Von Wiesbaden und Frankfurt am Main flogen die Amerikaner ausschließlich über den Frankfurt-Berlin Korridor nach Berlin. Die Waren, die nach Berlin geflogen wurden, stammten überwiegend aus Bremerhaven. Das von den USA besetzte Bremerhaven erhielt die Waren per Schiff aus den Vereinigten Staaten und Großbritannien. Von Bremerhaven aus wurden die Waren dann über die Eisenbahn an die Flughäfen transportiert. Hierbei stellt sich natürlich die Frage, weshalb die Alliierten in einem Dreieck geflogen sind. Dieser „Dreiecksflug" war notwendig, um die jeweiligen Korridore zu entlasten, den in der Luftfahrt immer gefährlichen Gegenverkehr zu vermeiden und die entstehenden Luftwirbel, die einen höheren Treibstoffverbrauch erzeugen, zu minimieren. Ausgenommen von dieser Route waren die Wasserflugzeuge. Diese flogen zwar beim Abflug aus Berlin in Richtung Hannover, drehten allerdings vor der Landung ab, um wieder nach Finkenwerder zu gelangen, ohne dabei den anderweitigen Luftverkehr durch Kreuzung des Hamburg-Berlin Korridors gefährden zu müssen.[22] Diese Aufteilung der Flüge war erst nach einer gewissen Zeit etabliert. In der britischen Besatzungszone flog man zuerst im Rahmen der Operationen Knicker und Plainfare nur zwischen Berlin und den einzelnen Flughäfen der britischen Besatzungszone hin und her.[23] Erst ab dem 19.07.1948 begannen die Briten und die Amerikaner zusammen von Faßberg aus Kohle nach Berlin zu transportieren.[24]

Frankreich schickte zwar keine Flugzeuge, doch es trug entscheidend dazu bei, den Flughafen Berlin Tegel für die Teilnahme an der Luftbrücke auszubauen. Tegel hatte zuvor noch

---

[20] Vgl.: Fliegerhorst Wunstorf Teil 2;40.
[21] Vgl.: „Rosinenbomber" über Berlin; 125.
[22] Vgl.: Eine Stadt als Geisel; 94-111.
[23] Vgl.: Hg.: Stadt Wunstorf; Wittrock, Heiner; Fliegerhorst Wunstorf Teil 2: Von der Royal Air Force zum Lufttransportgeschwader 62 (1945-1998); Wunstorf 1998; 25-51; im Folgenden bez. als: Fliegerhorst Wunstorf Teil 2.

[24] Vgl.: „Rosinenbomber" über Berlin; 138

eine Graspiste gehabt, die nun für die Bedürfnisse schwerer Transportmaschinen betoniert wurde. Insgesamt waren die Flughäfen ein Problem: Es gab einfach zu wenige, um die zu Bestzeiten im Drei-Minuten-Takt landenden Flugzeuge vernünftig abfertigen zu können.[25] Eben diese Abfertigung verhalf zeitweise 20.000 der 156.000 Berliner Arbeitslosen zu Arbeit und Lohn.[26]

Es stellt sich die Frage, ob die Russen nicht intervenierten. Die Antwort darauf lautet Ja. Allerdings waren diese Interventionen nicht schwerwiegend, da dies als kriegerischer Akt hätte gewertet werden können. So flogen die Russen teilweise mit Jagdflugzeugen in die Nähe der Transportmaschinen, zweimal wurde Störfunk eingesetzt, um die Leitstrahlen des Flughafens zu stören, und einmal wurden Brandbomben auf eine Brachfläche in der Nähe des Flughafens Tegel abgeworfen. Insgesamt versuchten die Russen also nur die Westalliierten zu behindern.[27]

Außerdem stellt sich die Frage, warum die Westmächte solchen enormen Aufwand auf sich nahmen, um Berlin zu halten. Das lag an vier Gründen. Berlin war taktisch an sich nicht direkt relevant, allerdings bezeichnete General Lucius D. Clay Berlin als die Schwelle zu Westeuropa, weshalb ein Verlust Berlins aus Sicht der Amerikaner neuralgisch gewesen wäre. Zwei andere Gründe waren eher politischer Natur und können auch als Propaganda verstanden werden. Einerseits war US-Präsident Truman zur Zeit der Luftbrücke im Wahlkampf und laut Umfragen waren 80% der Amerikaner dafür, Berlin um jeden Preis zu halten, weshalb es innenpolitisch betrachtet unklug gewesen wäre, Berlin zu verlieren.[28] Andererseits fand sich durch die Haltung Berlins eine positive Resonanz in Westdeutschland gegenüber den Westmächten und ihren Ideen zum Wiederaufbau Deutschlands, was vor allem den USA später einen wirtschaftlich und politisch starken Partner bringen sollte. Außerdem war und ist Berlin die Hauptstadt Deutschlands, was ihr zusätzlich noch einen symbolischen Wert gab. Erkennbar wird die Konsequenz der Luftbrücke, wenn man sich den bis heute populärsten Namen für die Flugzeuge der USA und Großbritanniens ansieht. Der Name „Rosinenbomber" ist entstanden, als der US-amerikanische Pilot Gail Halvorsen den Berliner Kindern beim Landeanflug Süßigkeiten an selbstgefertigten Fallschirmen zukommen ließ,

---

[25]Vgl.: 40.000 Stunden am Himmel; 211-232.
[26]Vgl.: Eine Stadt als Geisel; 94-111.
[27]Vgl.: 40.000 Stunden am Himmel; 226f.
[28]Vgl.: Eine Stadt als Geisel; 94-111.

was andere Piloten imitierten.[29] Der Begriff „Rosinenbomber" hat bis heute eine positive Konnotation in Deutschland und ist allgemein geläufig.[30]

Am 04.05.1948 trafen sich die vier UNO-Vertreter der Siegermächte Philip C. Jessup (USA), Jakow A. Malik (UdSSR), Jean Chauvel (Frankreich) und Sir Alexander Cadogan (Großbritannien) und beschlossen im Rahmen des New Yorker Abkommens, dass Berlin wieder geöffnet werden sollte und sich die vier Außenminister der Siegermächte am 23.05.1948 in Paris treffen sollten, um weiter über die Zukunft Gesamtdeutschlands zu verhandeln.[31] Berlin wurde dann am 12.05.1949 wieder offiziell freigegeben, dass heißt, dass die Bauarbeiten an der reparaturbedürftigen Infrastruktur beendet wurden.[32] Dennoch gab es auch danach von russischer Seite immer wieder kleinere Blockaden mit LKW,[33] weshalb letztendlich die Luftbrücke bis zum 30.09.1949 aufrechterhalten wurde.[34]

2.3 Wie wurden die Berliner anderweitig versorgt?

Obwohl die Einnahme Berlins mit Panzern aufgrund des aggressiven Charakters dieser Maßnahme durch Lucius D. Clay abgelehnt wurde, (tatsächlich hätte diese Operation vermutlich einen neuen Krieg ausgelöst, ebenso wie der Abschuss einer britischen oder amerikanischen Maschine von russischer Seite) gab es zahlreiche weitere Maßnahmen zur Versorgung Berlins.[35]

Zum einen haben sich die Berliner auch eigenständig versorgt. So wurden städtische Grünflächen zu Ackerland umgewandelt, sodass die Berliner einen kleinen Teil zu ihrer Versorgung beitragen konnten. Ein weiteres Element der Eigenversorgung stellten die „Trümmergänger" dar. Diese bewegten sich zu Fuß oder per Fahrrad über die unkontrollierbaren Trümmerwüsten aus Berlin heraus und schmuggelten alle möglichen Waren nach Berlin.

Diese individuellen Anstrengungen zur Eigenversorgung wurden aus der Westzone ergänzt. Einige Geschäftsleute aus dem Ruhrgebiet fuhren mit LKW über unkontrollierte Straßen nach Berlin und verkauften dort die mitgebrachten Waren. Auf ähnliche Weise brachten Leute, die auf unbewachten Weiden stehenden Kühe schlachteten, Fleisch nach Berlin.[36]

---

[29] Vgl.: „Rosinenbomber" über Berlin; 252-255.
[30] Vgl.: Flohr, Markus; Kein einig Volk von Brüdern; 1945-1947 Die Nachkriegszeit Als Deutschland sich neu erfand; Der Spiegel Geschichte 1; 2018; 122-129.
[31] Vgl.: „Rosinenbomber" über Berlin; 286-289.
[32] Vgl.: Eine Stadt als Geisel; 94-111.
[33] Vgl.: „Rosinenbomber" über Berlin; 297.
[34] Vgl.: Eine Stadt als Geisel; 94-111.
[35] Vgl.: 40.000 Stunden am Himmel; 208-211.
[36] Vgl.: Eine Stadt als Geisel; 94-111.

Teile der Berliner Bevölkerung verließen Berlin für sogenannte „Hamsterfahrten". Bei diesen Fahrten kauften die Berliner entweder Agrarprodukte bei den umliegenden Bauern oder tauschten sie gegen mitgebrachte Gegenstände (meist teures Mobiliar oder Wertgegenstände, die dann für gewöhnlich unter Wert eingetauscht wurden)[37]

Die größte vorgeschlagene Maßnahme zur Versorgung der Bevölkerung Berlins kam vom Hamburger SPD-Bürgermeister Max Brauer. Dieser war der Meinung, dass es sinnvoll sein könnte, die gesamte Berliner Bevölkerung auszufliegen. Er selbst bot an, 2.000 Berliner in Hamburg aufzunehmen, da sein Plan es vorsah, die Berliner Flüchtlinge auf Westdeutschland zu verteilen.[38] Allerdings wurde dieser Plan kaum umgesetzt. Die Besatzungsmächte flogen in kleinem Umfang vor allem kranke Kinder aus. Primär wurden aus Berlin die Autos der in Berlin stationierten Soldaten des US-Militärs ausgeflogen.[39]

Zudem wurden in Berlin zwei Kohleflöze eröffnet, um zusätzlich zur Kohle der Alliierten noch weitere Kohle zur Verfügung zu haben.[40]

3 Rolle des Fliegerhorstes Wunstorf

In diesem Kapitel soll die Bedeutung des Fliegerhorstes Wunstorf für die Durchführung der Luftbrücke dargestellt werden. Einerseits soll der Anteil des Fliegerhorstes an der Luftbrücke geklärt werden, andererseits soll geprüft werden, ob es Alternativen zum Fliegerhorst gegeben hätte.

3.1 In wieweit war Wunstorf involviert?

Damit ein Flughafen aus der Sicht der Westmächte zur Teilnahme an der Berliner Luftbrücke geeignet war, musste dieser folgende Anforderungen erfüllen: der Flughafen musste mindestens drei Start- und Landebahnen haben, es mussten befestigte Lade- und Wartungsbereiche geben und es musste zwischen den Start- und Landebahnen und den Lade- und Wartungsbereichen einen befestigten Rollweg geben. Außerdem musste der Flughafen eine Anbindung in Form eines Nebengleises zum ehemaligen Schienensystem der Reichsbahn sowie an das Straßennetz haben.

---

[37]Vgl.: „Rosinenbomber" über Berlin; 250-252.
[38]Vgl.: Eine Stadt als Geisel; 94-111.
[39]Vgl."Rosinenbomber" über Berlin; 254-255.
[40]Vgl.: „Rosinenbomber" über Berlin; 244.

Zwar erfüllte der Fliegerhorst Wunstorf diese Anforderungen zunächst nicht vollständig, doch er konnte mit wenig Aufwand auf den geforderten Stand gebracht werden. Zudem war der Fliegerhorst Wunstorf für die Trizone ein attraktiver Standort aufgrund seiner Nähe zum besetzten Berlin und zu Bremerhaven.[41]

Als Berlin am 25.06.1948 abgeriegelt wurde, folgte bereits am selben Tag der Transfer einer britischen Transportstaffel zum Fliegerhorst Wunstorf, die das zuvor dort stationierte Jagdbomberkommando ersetzte, welches nach Wahn, Gütersloh und Gatow transferiert wurde. Am 28.06. flog um 06:00 morgens das erste Flugzeug von Wunstorf nach Berlin. Dieser Flug war allerdings nur zur Versorgung der britischen Besatzungstruppen gedacht. Erst am 30.06. beschloss die britische Regierung die Teilnahme an der Versorgung Berlins über die Luftbrücke, weshalb die Transportrate von zuvor 360t/Tag auf 700t/Tag gesteigert wurde, später auf 995t/Tag.[42] Insgesamt arbeiteten 2.072 Personen am Fliegerhorst Wunstorf für die Luftbrücke. Von Wunstorf aus wurden über die gesamte Zeit etwa 310.841t Fracht nach Berlin transportiert. Diese Menge Fracht wurden in 38.663 Flügen geflogen.[43] In Wunstorf waren insgesamt sieben Schwadronen der britischen Luftwaffe stationiert.[44] In Wunstorf sind durch die Luftbrücke zehn Personen zu Tode gekommen.[45]

Auch nach dem Beginn der Luftbrücke wurden noch einige Bauprojekte am Fliegerhorst durchgeführt. Zur besseren Verladung wurden Nebengleise an die Verladestellen gebaut. Außerdem wurden die Stellplätze für die Flugzeuge optimiert. Während vorher eine Wiese als Parkplatz ausreichte, konnten auf dieser Wiese keine schweren Transportflugzeuge abgestellt werden. Aus diesem Grund wurde die Stellfläche asphaltiert.[46]

Wunstorf diente im Rahmen der Luftbrücke als Koordinationszentrum für die Flugpläne der gesamten Luftbrücke.[47]

In Wunstorf erinnern heute noch zwei Gedenkstätten an die Luftbrücke und die Teilnahme Wunstorfs. Ein Denkmal steht in der Oststadt in der Saarstraße und stellt einen stilisierten

---

[41] Vgl.: Fliegerhorst Wunstorf Teil 2; 25f.
[42] Vgl.: Fliegerhorst Wunstorf Teil 2; 26ff.
[43] Vgl.: Fliegerhorst Wunstorf Teil 2; 40.
[44] Vgl.: Fliegerhorst Wunstorf Teil 2; 49.
[45] Vgl.: Fliegerhorst Wunstorf Teil 2; 46.
[46] Vgl.: Fliegerhorst Wunstorf Teil 2; 31f.
[47] Vgl.: Fliegerhorst Wunstorf Teil 2; 44.

Vogel in einem Steinquader dar. Das zweite Denkmal ist ein Steinquader mit eingelassener Metallplatte in der Nähe des Towers des Fliegerhorstes.[48]

3.2 Hätte es Alternativen zum Fliegerhorst Wunstorf gegeben?

Das kann man verneinen. Zwar gab es im näheren Umkreis von Wunstorf noch drei weitere mögliche Flughäfen, nämlich Bückeburg, Celle und Faßberg. Allerdings wurden diese auch benutzt und waren voll ausgelastet. Auch Wunstorf war mit seiner Beteiligung an der Luftbrücke voll ausgelastet[49].

Das bedeutet, dass es keine Alternativen zum Fliegerhorst Wunstorf gab.

Vermutlich wäre es möglich gewesen, die beiden „Dreiecke", nämlich Region Hannover - Rhein-Main Gebiet - Berlin und Region Hannover - Hamburg - Berlin zu einem Dreieck, nämlich Rhein-Main Gebiet - Hamburg - Berlin zu kombinieren. Dies wäre eine Alternative zur Region Hannover insgesamt gewesen. Allerdings wären dadurch die Flugstrecken zwischen den verschiedenen Flughäfen und damit auch die Abstände zwischen den Tankstationen wesentlich länger geworden. Die höhere Auslastung der Korridore hätte sicherlich mehr Abstürze bewirkt und das Transportvolumen hätte sich verringert, da nicht alle Flugzeuge gleichzeitig hätten eingesetzt werden können. Aufgrund des höheren Gewichtes des Treibstoffes hätten weniger Waren transportiert werden können. In diesem Fall hätte man außerdem einen Teil der genutzten Flugzeuge, insbesondere die zweimotorigen Douglas DC3 (Dakotas) der britischen Royal Air Force aufgrund ihrer geringen Reichweite nicht nutzen können.

---

[48]Vgl.: Fliegerhorst Wunstorf Teil 2;51.
[49]Vgl.: Eine Stadt als Geisel; 94-111.

4 Fazit

Diese Facharbeit sollte die Rolle des Fliegerhorstes Wunstorf in der Berliner Luftbrücke bestimmen. Dazu wird der quantitative Anteil Wunstorfs an der Luftbrücke ermittelt. Von Wunstorf aus wurden täglich etwa 995t/Tag nach Berlin geflogen. Insgesamt erreichten täglich 4.950t Kohle und Konsumgüter Berlin. Dies hätte einem Anteil von 20% entsprochen, dieser wurde jedoch nicht immer erreicht. Trotz des „Verheiratens" war nicht immer die volle Auslastung möglich. Außerdem lieferten die Briten Öl nach Berlin, welches eine vergleichsweise geringe Dichte hat und deshalb in dieser Gewichtsbezogenen Statistik nicht so stark ins Gewicht fällt wie andere Waren.

An der gesamten Operation Vittles arbeiteten etwa 86.000 Menschen mit. Die 2072 Personen, die in Wunstorf arbeiteten, machten einen prozentualen Anteil von ca. 2,4% aus. Die Berliner Bevölkerung wurde während der Luftbrücke mit 2.326.205t Güter aller Art versorgt. Von diesen wurden 542.632t von den Briten gestellt. In Wunstorf wurden über 310.841t Waren in Flugzeuge geladen, was einen Anteil von 13,5% für die gesamte Operation ausmacht. Der Anteil an der britischen Versorgung lag bei 57,3%. Die Güter wurden in 38.663 Flügen vom Fliegerhorst wegtransportiert. Da im Rahmen der Luftbrücke insgesamt 277.728 Flüge durchgeführt wurden, macht das einen Anteil von 13,9% der Gesamtflüge aus. Die britische Luftwaffe flog insgesamt 87.884 dieser Flüge, womit von Wunstorf 44% der britischen Flüge starteten. Im Rahmen der Luftbrücke ließen 86 Menschen ihr Leben. Allein in Wunstorf kam es zu zehn Todesfällen, also 11,6% der gesamten Toten.

Allerdings zeichnen Durchschnitte nur ein begrenztes Bild. Die Zahl der Todesopfer ist für die Effizienz der Luftbrücke nicht relevant. Die Zahl der Mitarbeiter scheint auf den ersten Blick klein, doch muss man bedenken, dass bei den 86.000 Personen auch die Piloten mitgezählt wurden, die in Wunstorf starteten und landeten, dort jedoch nicht stationiert waren. Insgesamt flogen vom Fliegerhorst Wunstorf 20% der täglichen Transportflüge nach Berlin, 13,5% der Güter, die nach Berlin transportiert wurden, und 13,9% der gesamten Flüge für die Luftbrücke. Das macht eine prozentuale Beteiligung des Wunstorfer Fliegerhorstes an der Berliner Luftbrücke von 12,5% aus. Der Anteil an der britischen Versorgung war mit 40,4% sogar noch höher, was zeigt, wie relevant Wunstorf besonders für die Briten war. Bedenkt man, dass an der Berliner Luftbrücke insgesamt nur 13 Flughäfen beteiligt waren, sowie, dass die Flugplankoordinierung der Luftbrücke in Wunstorf stationiert war, zeigt das, dass der Fliegerhorst Wunstorf in der Luftbrücke eine große Rolle spielte. Für die britische Besatzungsmacht war Wunstorf sogar unverzichtbar.

Man sollte auch die Folgen der Luftbrücke betrachten. Für die Russen war die Blockade letztendlich kontraproduktiv. Es folgte eine Handelsblockade von Seiten der Westmächte gegen die UdSSR, was zu starken wirtschaftlichen Schäden führte. Zudem waren die beiden Hauptziele der russischen Regierung nicht erreicht worden. Weder war es gelungen, die Westmächte aus Deutschland zu vertreiben, noch erfuhr die UdSSR Sympathien von der deutschen Bevölkerung, obwohl die Berliner Bevölkerung gegen Ende der Blockade mit der sogenannten Stalin-Versorgung unterstützt wurde. Final führte die Luftbrücke zur Teilung Berlins und damit zu einer neuen Eskalationsstufe im Kalten Krieg.

Die Luftbrücke kann selbst als Modell für den Kalten Krieg gesehen werden. Auslöser waren wirtschaftspolitische und machtpolitische Interessen, gefolgt von wechselseitigen Provokationen. Es wurde nie von einer Partei offiziell der Krieg erklärt und es kam nie zu direkten Kampfhandlungen.[50]

---

[50] Stellvertreterkriege wie der Vietnamkrieg seien hier außen vorgelassen.

Literaturverzeichnis

Bennet, Jack O; 40.000 Stunden am Himmel/24.000 Flüge nach Berlin; [1]1998 Berlin

Rademacher, Cay; Eine Stadt als Geisel; GEO Epoche Europa nach dem Krieg 77; 2016; 94-111

Eckhardt, Hans-Wilhelm-Habermaier, Volker; Zeit für Geschichte; [4]2013 Hamburg

Keiderling, Gerhard; "Rosinenbomber" über Berlin Währungsreform, Blockade, Luftbrücke, Teilung; 1998 Berlin

Flohr, Markus; Kein einig Volk von Brüdern; 1945-1947 Die Nachkriegszeit Als Deutschland sich neu erfand; Der Spiegel Geschichte 1; 2018; 122-129

Hg.: Stadt Wunstorf; Wittrock, Heiner; Fliegerhorst Wunstorf Teil 2: Von der Royal Air Force zum Lufttransportgeschwader 62 (1945-1998); Wunstorf 1998

Abkürzungsverzeichnis

DM = Deutsche Mark

RM = Reichsmark

£ = Britisches Pfund

$ = US-Dollar

BEI GRIN MACHT SICH IHR WISSEN BEZAHLT

- Wir veröffentlichen Ihre Hausarbeit, Bachelor- und Masterarbeit

- Ihr eigenes eBook und Buch - weltweit in allen wichtigen Shops

- Verdienen Sie an jedem Verkauf

Jetzt bei www.GRIN.com hochladen und kostenlos publizieren